Was siehst du hier?

Ente oder Hase?

AMY KROUSE ROSENTHAL & TOM LICHTENHELD

Hey, schau mal!
Da ist eine Ente!

Willst du mich veräppeln?
Das ist natürlich eine Ente!

Schau mal richtig hin.
Das ist eine Ente,
die hat doch einen Schnabel.

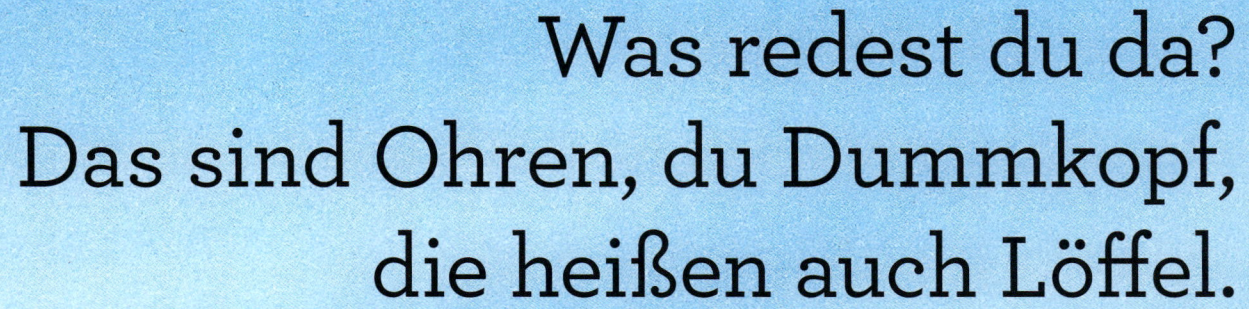

Was redest du da?
Das sind Ohren, du Dummkopf,
die heißen auch Löffel.

Also das ist eine Ente, und die frisst gleich ein Stück Brot.

Hör doch auf!
Hörst du das nicht?
Das ist Entengeschnatter.

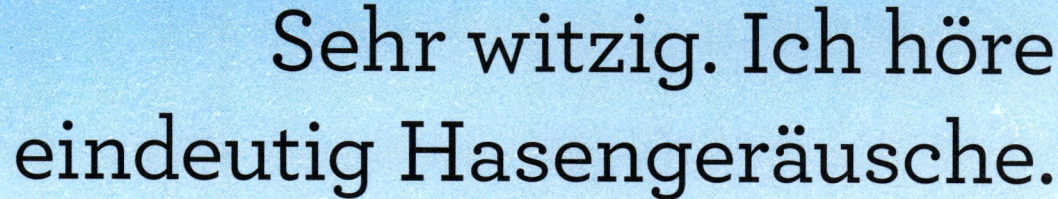

Es ist eine Ente, und sie watschelt durch das Schilf.

Da! Siehst du es?
Es ist eine Ente. Sie fliegt
über die Dächer.

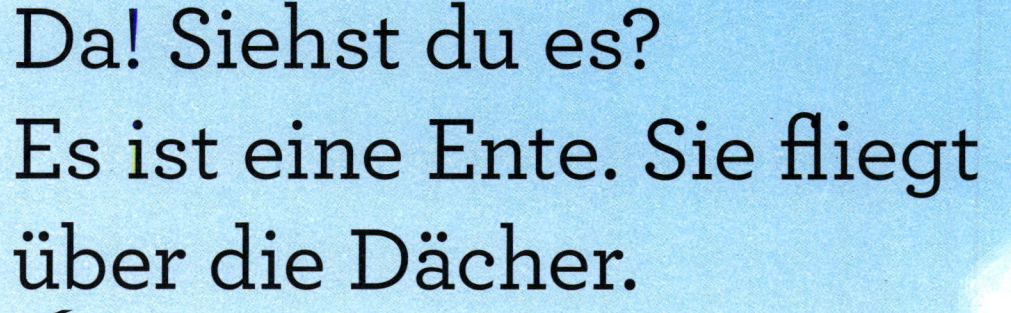

Schau, jetzt hat
die Ente Durst.
Sie trinkt Wasser
im Teich.

Nimm ein
Fernglas
und schau
richtig hin.
Es ist eine Ente!

Schau
du doch
richtig hin.
Es ist ein Hase.

Na prima, jetzt hast du
die Ente verscheucht.
Jetzt ist sie weg.

Ich hab sie nicht verscheucht!
Das warst du! Du hast
den Hasen verjagt.

Na gut, weißt du ...
vielleicht hattest du ja Recht.
Dann war es doch ein Hase.

Nö. Ich denke gerade, dass es eine Ente gewesen sein könnte.

Ach, egal ... und jetzt, was machen wir jetzt? Wir können ja nicht mal mehr streiten.

Ich weiß auch nicht.
Worauf hast **du** denn Lust?

Hey, schau mal! Da kommt ein Ameisenbär!

ENTE.

Äh, ENDE!

Ah, doch noch nicht das Ende! Hier kommt noch was!

Danke, Jan, für die stete Hilfe.
Danke, Eric Rohmann und Larry Day, für eure schlaue Kameradschaft. – T. L.

Ente … Ente … Ente … GANS! Für Charise Mericle Harper. – A. K. R.

Und Danke, Marshall Ross, dass du uns in denselben Raum gesteckt hast. – T. L. and A. K. R.

ISBN 978-3-96185-574-2

© 2024, 360 Grad Verlag GmbH, Leimen

Die englischsprachige Originalausgabe erschien 2009 mit dem Titel „Duck! Rabbit!" bei Chronicle Books LLC, San Francisco
Text © 2009 by Amy Krouse Rosenthal.
Illustrationen © 2009 by Tom Lichtenheld.
Die Illustrationen wurden angefertigt mit Tinte, Aquarellfarbe und ein wenig Buntstift.

Layout: Tom Lichtenheld, Kristine Brogno / Helmut Schaffer
Übersetzung & Redaktion: TextDoc Kiesel

Gedruckt in Europa

www.360grad-verlag.de
Instagram: @360gradverlag_bestbooks

2 4 5 3 1